Bibliografische Information der Deutschen Nationalbibliothek:

Die Deutsche Bibliothek verzeichnet diese Publikation in der Deutschen National-bibliografie; detaillierte bibliografische Daten sind im Internet über http://dnb.d-nb.de/ abrufbar.

Impressum:

Copyright © 2008 GRIN Verlag, Open Publishing GmbH
Druck und Bindung: Books on Demand GmbH, Norderstedt Germany
ISBN: 9783640451111

Dieses Buch bei GRIN:

http://www.grin.com/de/e-book/136656/bewertung-von-didaktischen-methoden-in-der-schulinformatik

Christoph Korzenek

Bewertung von didaktischen Methoden in der Schulinformatik

GRIN Verlag

GRIN - Your knowledge has value

Der GRIN Verlag publiziert seit 1998 wissenschaftliche Arbeiten von Studenten, Hochschullehrern und anderen Akademikern als eBook und gedrucktes Buch. Die Verlagswebsite www.grin.com ist die ideale Plattform zur Veröffentlichung von Hausarbeiten, Abschlussarbeiten, wissenschaftlichen Aufsätzen, Dissertationen und Fachbüchern.

Besuchen Sie uns im Internet:

http://www.grin.com/

http://www.facebook.com/grincom

http://www.twitter.com/grin_com

Universität Leipzig
Institut für Informatik

Seminararbeit „Didaktik der Informatik"

Bewertung von didaktischen Methoden in der Schulinformatik

Autor: Christoph Korzenek
Studiengang: Wirtschaftspädagogik II / NF Informatik (10. Fachsemester)

Eingereicht am: 28.01.2008

Inhaltsverzeichnis

Abbildungsverzeichnis

1 Einleitung

1.1 Motivation

Die ausgeprägten multimedialen und technologischen Entwicklungen der letzten zehn bis 15 Jahre beeinflussen heutzutage alle Bereiche der Gesellschaft und sorgen für eine beinahe Omnipräsenz des Computers im alltäglichen Leben eines jeden Menschen, besonders dessen von Kindern und Jugendlichen. Egal, ob es sich um die Nutzung des Computers zum Zeitvertreib durch Computerspiele, als Kommunikationsmittel via Internet oder zur Wissensaneignung durch E-Learning-Software handelt, der Umgang mit Rechnern und Rechnernetzen ist nahezu eine Selbstverständlichkeit geworden. Im Jahr 2007 sind nach einer Untersuchung von TNS Infratest 91,6 % der deutschen Schüler aktive Internetnutzer [TNS07]. Diese Tatsache und die prognostizierte wachsende Internetnutzung in Deutschland bestätigt gleichzeitig die angenommene starke und stetige Nutzung von Computersystemen durch Jugendliche im Alter von 14-19 Jahren [ebd.].

Der steigende Wert des Gutes ‚Information' in der Ökonomie und die wirtschaftliche Entwicklung hin zur Informationsgesellschaft sorgen des Weiteren dafür, dass in der heutigen Berufs- und Alltagswelt dem kompetenten Umgang mit modernen Informations- und Kommunikationssystemen ein immer größerer Stellenwert beigemessen wird. Im Zuge der computerunterstützten Automatisierung von Arbeitsprozessen ist es für die Arbeitnehmer vieler Wirtschaftsbereichen nahezu unabdingbar sich stetig mit ständig neuen Technologien vertraut zu machen. Der Einsatz und die Fortentwicklung von Informatiksystemen lassen darüber hinaus völlig neue Wirtschaftszweige und Arbeitsplätze entstehen, welche gleichsam neue Anforderungsprofile für die Arbeitnehmer der Zukunft, die heutigen Schüler, entstehen lassen.

Im Rahmen der allgemeinen und berufsvorbereitenden Bildung gewinnt aufgrund der aufgezeigten Entwicklungen die Notwendigkeit einer fundierten und umfassenden informatischen Bildung in Schulen immer mehr an Bedeutung. Dabei sollten Jugendliche unter anderem darauf vorbereitet werden, Informatiksysteme und Computernetze bewusst zu nutzen und dazu befähigt werden, die Notwendigkeit informatischer Sachzwänge kritisch beurteilen zu können. Zudem sollte bei den Schülern ein Verständnis für das Potenzial und die Auswirkungen von Informatik in gesellschaftlichem und globalem Rahmen entwickelt werden [Wei07]. Der Abbau von Berührungsängsten und die Schaffung eines Grundverständnisses für informatische Sachverhalte unterstreichen zudem die Wichtigkeit der Existenz des Schulfaches Informatik.

Besonders im Zusammenhang mit den, in den letzten Jahren von der OECD (Organisation for Economic Co-operation and Development) durchgeführten, PISA-Studien (Programme for International Student Assessment) und dem allseits bekannten schlechten Abschneiden Deutschlands, kam in der Öffentlichkeit und in der Bildungspolitik verstärkt die Forderung nach einer zu verbessernden Qualität des Schulwesens bzw. der allgemeinbildenden Ausbildung von Schülern in Deutschland auf. In den letzten zehn Jahren ist der Begriff ‚Qualität' zudem mehr und mehr zu einem „zentralen Focus der theoretischen, forschungsmethodischen und gestalterischen Bemühungen" im Bildungs- und Sozialbereich geworden [HH00].

Neben einer qualitativ besseren Aus- und Weiterbildung der Lehrerschaft, der Umsetzung und Förderung von innovativen und lernförderlichen Unterrichtsmethoden und der Schaffung von bundesweiten Bildungsstandards, ist die Evaluation des Unterrichts in den Schulen ein weiteres, nicht zu unterschätzendes Instrument, welches zur angestrebten Verbesserung des deutschen Schulwesens beitragen kann. So können durch Analyse und Reflexion des Unterrichts bspw. die Auswirkungen von didaktischen Methoden auf den Lernprozess und damit verbundene Kompetenzentwicklungen der Schüler bewertet bzw. erfasst werden. Gegenstand der folgenden Seiten soll demnach die Untersuchung von didaktischen Methoden in der Schulinformatik sein.

1.2 Aufgabenstellung und Vorgehensweise

Das konkrete Ziel der vorliegenden Arbeit ist es, Gütekriterien didaktischen Methoden in der Schulinformatik aufzuzeigen und die Möglichkeiten zur deren Messung darzustellen. Die dazu notwendigen und denkbaren Verfahren einer kriteriengeleiteten Evaluation didaktischer Methoden sollen jeweils unter der Bezug auf eine konkrete Unterrichtsmethode für die Vermittlung eines bestimmten Lerninhaltes in der Schulinformatik vorgestellt werden.

Zu Beginn der Seminararbeit erfolgt eine Klärung des Begriffes Evaluation. Weiter werden Funktionen und die daraus resultierenden Nutzen und Möglichkeiten empirischer Evaluierungen von Unterricht dargelegt. Im Anschluss wird eine Auswahl an möglichen Gütekriterien für eine Bewertung von didaktischen Methoden vorgenommen und deren Bedeutung und Inhalt erläutert. Nachdem anschließend eine allgemeine Klassifizierung von Evaluationsmethoden dargestellt wird, werden in den darauf folgenden Abschnitten konkrete Evaluationsmethoden für die jeweiligen Gütekriterien erläutert und ein Bezug zur vorher veranschaulichten Unterrichtsmethode „Objektspiel", welches zur Vermittlung von Objektorientierung in der Schulinformatik dient, hergestellt.

2 Bewertung von didaktischen Methoden

2.1 Unterrichtsevaluation – Wozu?

Die Evaluation von Unterricht bzw. Unterrichtsprozessen kann, wie bereits erwähnt, ein wichtiges Instrument zur Verbesserung von Unterrichtsqualität darstellen. Der Begriff ‚Evaluation' als solches wird von der Deutschen Gesellschaft für Evaluation (DeGEval) als „Summe systematischer Untersuchungen, die empirische Informationen bereitstellen" verstanden, wodurch es im Anschluss möglich wird, den Wert oder die Güte eines Evaluationsgegenstandes einzuschätzen [UIA04]. Gleichzeitig gelten in der wissenschaftlichen Sozialforschung bestimmte Grundprinzipien und Standards für die Durchführung von Evaluationen als anerkannt. Dabei soll Evaluation grundsätzlich unabhängig vom Evaluator selbst sein (objektiv), genau das erfassen, was es vorgibt zu messen (valide), und darüber hinaus ein reliables Ergebnis liefern. Ferner soll es als eine ziel- und zweckorientierte Handlung verstanden werden, die den Informationsbedarf einer bestimmten Personengruppe deckt [Jäg05, S. 15].

Im Zusammenhang mit der Bewertung der Güte bzw. Wirksamkeit von Sachverhalten oder Handlungsalternativen dient die Evaluation oft als ein Instrument der Planungs- und Entscheidungshilfe [WT03 in Jäg05, S. 12]. In Bezug auf die hier konkret besprochene ziel- und zweckorientierte Evaluation von Unterricht kommen im Wesentlichen vier Funktionen zum tragen, welche den Nutzen und die Chancen einer Evaluierung von Unterrichtsmethoden deutlich machen:

Der Erkenntnisgewinn, welcher durch eine durchgeführte Evaluation von Unterricht erreicht werden kann, dient prinzipiell als ein generelles Feedback über die untersuchten Sachverhalte bzw. Methoden. Darauf aufbauend besteht nun zum einen die Möglichkeit, dass er die Grundlage für die zukünftige Planung von Unterrichtsmethoden bildet und zum anderen als Basis für eine angestrebte Weiterentwicklung und Verbesserung der Unterrichtsqualität bzw. der Wirksamkeit didaktischer Methoden dient [Jäg05, S. 13, Mit06, S. 18]. *(Erkenntnisfunktion)*

Eine weitere Funktion der Evaluation ist die *Dialogfunktion*. Um die Ergebnisse einer durchgeführten Evaluierung möglichst vielseitig und unter verschiedenen Gesichtspunkten interpretieren und auswerten zu können, sollte die Bewertung der erzielten Resultate immer im Dialog mit anderen Personen erfolgen. Die Evaluationsbefunde sollten demnach als Grundlage für einen Austausch mit Schülern oder Lehrerkollegen genutzt werden. Durch eine intensive und variantenreiche Diskussion der erzielten Ergebnisse ist es möglich, viele weitere Anregungen für zukünftige Handlungs- und Verhaltenweisen sowie für den Einsatz von didaktischen Methoden zu erlangen und so eine Weiterentwicklung von Schule und Unterricht voranzutreiben [Jäg05, S. 14; Mit06, S. 18].

Der Erfolg oder auch Misserfolg einer durchgeführten Maßnahme kann durch das Durchführen einer Evaluation (besser) ermittelt bzw. kontrolliert werden [Mit06, S. 19]. So lässt sich bspw. feststellen, ob die geplante oder erhoffte Wirksamkeit der angewandten didaktischen Methode tatsächlich stattfand und wenn ja, mit welcher Intensität und Auswirkung [Jäg05, S. 13]. *(Kontrollfunktion)*

Daran anknüpfend ist als vierte und letzte Funktion der Unterrichtsevaluation die *Legitimitätsfunktion* zu nennen. Durch die erreichte Belegbarkeit der durchgeführten und untersuchten Maßnahmen besteht die Möglichkeit diese in strukturierter und kritischer Form zu untersuchen und zu interpretieren. So können etwa Lehrer anhand von Evaluationsergebnissen die daraus gezogenen Schlussfolgerungen zusammenfassen und diese gegenüber anderen Personen nachvollziehbar vertreten [Jäg05, S. 14; Mit06, S. 20].

2.2 Gütekriterien für die Evaluation didaktischer Methoden

Zur Erfassung von Unterrichtsqualität oder im Speziellen der Güte von didaktischen Methoden (in der Schulinformatik) ist es zwingend notwenig vor Beginn der Evaluation die zu kontrollierenden Gütekriterien festzulegen. Der Evaluator ist demnach dazu aufgefordert festzuhalten, was das Ziel der Untersuchung ist und welche Kriterien dazu untersucht werden müssen. In Bezug auf die Bewertung von didaktischen Methoden sollen nun aus allgemeinen Überlegungen zur Unterrichtsqualität Gütekriterien für die Wirksamkeit von Unterrichtsmethoden abgeleitet und dargestellt werden.

Spätestens im Zuge der Ergebnisveröffentlichungen von vergleichenden Studien wie TIMSS (Third International Mathematics and Science Study) oder PISA (Programme for International Student Assessment) kam es in der deutschen bildungspolitischen Debatte vermehrt zu Forderungen nach Bildungsstandards, welche zur Sicherung und Steigerung der schulischen Arbeit beitragen sollen [Kli03, S. 9]. Durch eine präzise und verständliche Benennung der „wesentlichen Ziele der pädagogischen Arbeit, ausgedrückt als gewünschte Lernergebnisse der Schülerinnen und Schüler" [ebd., S. 9] wird ein Paradigmenwechsel von Input- zu Outputorientierung im deutschen Bildungswesen vollzogen. Somit stehen hauptsächlich die erbrachten Leistungen und Lernergebnisse (Kompetenzen) der Schülerinnen und Schüler im Vordergrund der bildungstheoretischen Zielstellungen [FP07, S. 23]. Daraus folgend sollte die Herausbildung und wachsende Entwicklung von Kompetenzen eines der gewünschten Ergebnisse didaktischer Unterrichtsmethoden darstellen.

Des Weiteren zeigt Slavin [Sla96, S. 4 f. in Dit00, S. 81 f.] in seinem QAIT-Ansatz (Quality of Instruction, Appropriateness, Incentives, Time) bedeutsame, sich gegenseitig beeinflussende Faktoren des Unterrichts auf, welche von Ditton [Dit00, S. 82 f.] nochmals detailliert dargestellt wurden (siehe Abbildung 1). Das Kriterium ‚Qualität' (Quality of Instruction) des genannten Ansatzes kann im Wesentlichen als Qualität von Unterrichtsmethoden verstanden werden. Die Bedeutung und der Einfluss der Güte von didaktischen Methoden auf die Unterrichtsqualität und den Lernprozess der Schüler werden somit implizit durch Ditton und Slavin bestätigt.

Qualität (Quality of Instruction)	Motivation (Incentives)
o Struktur und Strukturiertheit des Unterrichts o Klarheit, Verständlichkeit, Prägnanz o Variabilität der Unterrichtsformen o Angemessenheit des Tempos (Pacing) o Angemessenheit des Medieneinsatzes o Übungsintensität o Behandelter Stoffumfang o Leistungserwartungen und Anspruchsniveau	o Bedeutungsvolle Lehrinhalte und Lernziele o Bekannte Erwartungen und Ziele o Vermeidung von Leistungsangst o Interesse und Neugier o Positives Sozialklima in der Klasse o Bekräftigung und Verstärkung
Angemessenheit (Appropriateness)	**Unterrichtszeit (Time)**
o Angemessenheit des Schwierigkeitsgrades o Adaptivität o Diagnostische Sensibilität/ Problemsensitivität o Individuelle Unterstützung und Beratung o Differenzierung und Individualisierung o Förderorientierung	o Verfügbare Zeit o Lerngelegenheiten o Genutzte Zeit

Abbildung 1:   Bedeutsame Unterrichtsfaktoren nach Ditton (Eigene Darstellung in Anlehnung an [Dit00, S. 82])

Laut Weinert sind didaktische Methoden „Werkzeuge zur Erreichung bestimmter Ziele" [Hel03, S. 18]. Die Erreichung der qualitativ bestmöglichen Ausprägung der identifizierten Faktoren des Unterrichts nach Slavin [Sla96, S. 4 ff.] kann als ein solches ‚bestimmtes Ziel' angesehen werden und sollte durch die didaktischen Methoden des Lehrenden gefördert werden. In der vorliegenden Arbeit dient der vorgestellte QAIT-Ansatz als Grundlage für das Ableiten der folgenden möglichen Gütekriterien für Unterrichtsmethoden.

2.2.1 Kompetenzentwicklung

Unter Kompetenz werden in der Regel „erlernte, anforderungsspezifische Leistungsdispositionen [verstanden], die durch den kontinuierlichen Aufbau von Wissen und Können in einem Inhalts- und Erfahrungsbereich entwickelt werden" [FP07, S. 23 f.]. Im Zentrum des grundsätzlichen Kompetenzbegriffs stehen also das Wissen und die Fähigkeiten/Fertigkeiten einer Person. Die jeweiligen Kompetenzen sind jedoch nicht direkt, sondern erst durch eine „Realisierung der Dispositionen erschließbar und evaluierbar" [EH99, S. 24 in Kau06, S. 22], und zeigen sich somit erst durch die Bewältigung von Handlungssituationen [Kau06, S. 22]. Ferner sei darauf hingewiesen, dass in der dazu vorhandenen wissenschaftlichen Literatur diverse Differenzierungen des Kompetenzbegriffs vorliegen. Ausgehend von Roths Kompetenzdefinition [Rot76, S. 180] untergliedern Lehmann/Nieke die Teilkompetenzen Fach-, Methoden-, Sozial- und Selbstkompetenz und definieren ein Kompetenz-Modell [LN01, S. 2 ff.], welches in der vorliegenden Arbeit als grundlegend angesehen werden soll und im Folgenden kurz erläutert wird.

Die Fach- oder auch Sachkompetenz einer Person besteht hauptsächlich darin, Wissen zu generieren und die Übertragung dessen auf neue Aufgaben. Neben dem Erkennen von Zusammenhängen und einer Sensibilität für die Problemfindung sind ebenso das Verstehen und Bewerten von Sachverhalten Teil der Fachkompetenz [LN01, S. 2 ff.; ER03, S. 269].

Methodenkompetenz bezeichnet die Befähigung sich selbstständig neue Wissensbereiche zu erschließen und bei der Bearbeitung von Aufgaben und Problemen ein planmäßiges und zielgerichtetes Vorgehen zu verfolgen [Kul07, S. 11; IQ05, S. 2].

Ausgeprägte Sozialkompetenz zeigt sich in der Befähigung zu gemeinsamen Lernen und zum Gestalten sozialer Beziehungen sowie in der Bereitschaft einer Person, andere(s) wahrzunehmen und darauf verantwortungsvoll einzugehen [Kul07, S. 11; IQ05, S. 2].

Die Selbstkompetenz von Lernenden äußert sich vorrangig in deren Mitwirkung am Lernprozess. Dabei sollen selbstreflexives Lernen und die Bereitschaft der Schüler, selbst aktiv zu werden, gefördert werden. Die Lernenden sollen darüber hinaus verinnerlichen „Verantwortung, Steuerung und Organisation mitzutragen" [IQ05, S. 2].

In Hinblick auf die Schulinformatik ist festzuhalten, dass die jeweiligen angestrebten Kompetenzen nicht explizit im Lehrplan formuliert werden. Vielmehr wird hier in Zwischenschritten über eine Formulierung von Lernzielen der Kompetenzaufbau bzgl. der affektiven (Gefühle, Wertungen, Einstellungen), kognitiven (Wissen, Denken, Problemlösen) und pragmatischen (Fertigkeiten) Lernbereiche beschrieben [Wei08, S. 38]. Mit Hilfe von Lernzielformulierungen in den jeweiligen Lernstufen [vgl. Wei08, S. 33 ff.] werden die von den Schülern zu erreichenden Lernergebnisse und Verhaltensweisen innerhalb eines festgelegten Zeitraums beschrieben [Wei08, S. 32].

Bei der Formulierung der bereits erwähnten Bildungsstandards werden Kompetenzen festgehalten, welche sich bis zu einer gewissen Jahrgangstufe in dem jeweiligen Schulfach bzw. Lernbereich mindestens aufgebaut haben sollen [Kli03, S. 9]. Für die Schulinformatik im Besonderen sollte es das Ziel sein, „solche Kompetenzen zu beschreiben und für Lehrende nutzbar darzustellen, die das Minimum informatischer Bildung für alle Schüler erfassen" [FP07, S. 30]. Ein im Jahr 2005 durchgeführter Workshop der Gesellschaft für Informatik thematisierte die Formulierung von Bildungsstandards in der Schulinformatik und legte bereits erste Entwürfe dazu vor. Inhalts- und prozessbezogene Kompetenzen wurden formuliert und sind in der folgenden Abbildung veranschaulicht [ebd., S. 31].

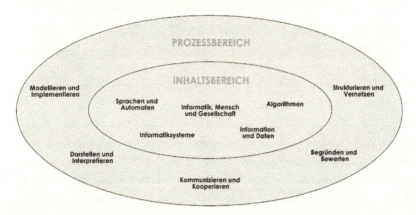

Abbildung 2:   *Übersicht zu inhalts- und prozessbezogenen Kompetenzen in der Schulinformatik (Eigene Darstellung in Anlehnung an [FP07, S. 31])*

In Anbetracht der angestrebten Erfüllung von Bildungsstandards sollten didaktische Methoden in der informatischen Schulbildung die Entwicklung der dargestellten Kompetenzen bzgl. der genannten Inhaltsbereiche fördern. Folglich ist das Ausmaß der Kompetenzentwicklung bei den Schülerinnen und Schülern *ein* Gütekriterium von didaktischen Methoden. In Zusammenhang mit einer Evaluation gewinnt der Faktor ‚Unterrichtszeit' des oben dargestellten QAIT-Modell an Bedeutung. Relevant wäre demnach nicht die reine Kompetenzentwicklung an sich, sondern die Entwicklung von Kompetenzen pro Zeiteinheit bzw. -intervall.

Obwohl Weinert bereits 2001 mit der Aussage „Leistungsmessungen in Schulen werden künftig eine größere Rolle als bisher spielen." [Wei01, S. 30] recht behielt und sich diese Entwicklung durch die Einführung von Bildungsstandards nur noch fortsetzen wird, ist eine „Fixierung auf rein fachliche Leistung der Schüler als Kriterium schulischer Qualität" als kritisch zu betrachten [Dit00, S. 75]. Vielmehr sollte man verstärkt ein Augenmerk auf affektive und soziale Wirkungen von Unterricht und die Ausbildung curricularübergreifender Kompetenzen fördern [ebd., S. 75]. Bei der Evaluation von didaktischen Methoden wäre es demnach von besonderer Bedeutung zu erfassen, wie stark neben den fachlichen Kompetenzen auch fächerübergreifende Kompetenzen (Sozial-, Selbst- und Methodenkompetenzen) entwickelt werden. Da die Vermittlung von transferfähigen Denkweisen, wie bspw. Abstraktion, Modellbildung, Algorithmisierung oder strukturierte Zerlegung, eine Besonderheit der informatischen Bildung darstellt, ist die Entwicklung fächerübergreifenden Kompetenzen bei einer Evaluierung von Unterrichtsmethoden in der Schulinformatik dringend zu berücksichtigen.

2.2.2 Motivation

„Der Einfluss von Einstellungen und Verhaltenweisen der Lehrkraft auf Motivation und Lernen der Schülerinnen und Schüler ist unbestritten" [Fis06, S. 1]. Neben den fachlichen Kenntnissen des Lehrenden sind diesbezüglich besonders pädagogisch-psychologisches und fachdidaktisches Wissen für die Gestaltung von lernförderlichen Lernumgebungen von Relevanz [ebd., S. 1 f.]. Den bereits durch Slavin identifizierten Unterrichtsfaktor ‚Motivierung' im QAIT-Modell [Dit00, S. 82] zu fördern, ist demnach auch Zielstellung des Einsatzes von Unterrichtsmethoden. Zu beachten ist dabei die Differenzierung von (Lern-)Motivation. Extrinsische Motivation liegt bei einem Schüler dann vor, wenn er „eine Handlung nur wegen äußerer, antizipierten Folgen ausführt" [Lan07, S. 76 f.], bspw. für den Erhalt einer guten Note oder zur Vermeidung von Strafen [ebd., S. 77]. Die für das Lernen relevantere Motivationsform ist die intrinsische Motivation, welche positiv mit den Schulleistungen von Schülerinnen und Schülern zusammenhängt. Ein intrinsisch motivierter Schüler führt „eine Handlung um ihrer selbst willen" aus, weil es ihm Spaß macht oder er das Ausüben der Handlung als befriedigend erlebt [ebd., S. 76]. Als Voraussetzung oder aber auch besondere Form von intrinsischer Motivation wird das Interesse (am Gegenstandbereich) von Personen angesehen.

Um die besonders lernerfolgsrelevante intrinsische Lernmotivation von Schülern zu steigern, sollten nach der Selbstbestimmungstheorie von Ryan und Deci [RD00] die Bedürfnisse nach Autonomie, Erleben von Kompetenz und sozialer

Eingebundenheit beachtet und erfüllt werden [Lan07, S. 77]. Die Umsetzung der genannten Kriterien führt jedoch nicht per se zu qualitativ besseren und nachhaltigeren Lernergebnissen. Meyer/Pfiffner/Walter weisen daraufhin, dass Selbstbestimmungsmöglichkeiten von den Lernenden unterschiedlich wahrgenommen werden können und sich dies direkt auf die Ausprägung der intrinsischen Motivation auswirkt [MP07, S. 46]. Es ist demnach nicht ausreichend, den Schülerinnen und Schülern zahl- und abwechslungsreiche Möglichkeiten zum selbstbestimmten Lernen zu offerieren, sondern es ist absolut notwendig und Aufgabe des Lehrenden eine zusätzliche Anleitung zum Nutzen dieser Spielräume zu geben [ebd., S. 46].

2.2.3 Angemessenheit

Sembill statuiert, dass „Wissens- und Kompetenzzuwächse [...] vom Zusammenwirken von Emotion, Motivation und Kognition abhängig [sind]" [Sem04, S. 26]. Da die Kriterien Kompetenzzuwachs und Motivation bereits erläutert wurden, sollen nun die von Sembill angesprochenen Dimensionen Emotion („Fühle ich mich wohl und ernst genommen?") und Kognition („Finde ich die Anforderungen zu hoch?") in die Betrachtungen mit einbezogen werden [ebd., S. 27]. Das im QAIT-Modell gleichnamig verwendete Unterrichtskriterium ‚Angemessenheit' thematisiert die Angemessenheit des Schwierigkeitsgrades von Inhalten, Aufgaben und Darstellungsweisen. Das hier verwendete Kriterium soll darüber hinaus Aspekte des Klassenklimas und des allgemeinen Wohlbefindens der Schüler einschließen. Da Schülerleistungen primär durch „Faktoren, die die Lehr-Lernprozesse direkt charakterisieren oder unmittelbar an das Lehrerverhalten gebunden sind" [SS03, S. 41] beeinflusst werden, besteht die Notwendigkeit zu prüfen, inwieweit didaktische Methoden bspw. Binnendifferenzierung oder ein angemessenes Lerntempo für die Lernenden ermöglichen [SS03, S. 41]. Ferner sind Faktoren wie bspw. der Einfluss der Schüler auf das Unterrichtsgeschehen, Geben von Feedback durch den Lehrer, Kooperation und gegenseitige Unterstützung der Schüler untereinander für das allgemeine Wohlbefinden von Schülern relevant und bei der Gestaltung von Unterricht mit einzubeziehen [SS03, Anlage 1].

Abschließend zu den in diesem Kapitel vorgestellten Gütekriterien für didaktische Methoden soll an dieser Stelle explizit auf die starke Interdependenz der Kriterien verwiesen werden. Kompetenz besteht „aus einem Konglomerat der Elemente Wissen, Fähigkeiten/Fertigkeiten, Motive und emotionale Dispositionen" [Kau06,

S. 95]. Die Kriterien ‚Kompetenzentwicklung', ‚Motivation' und ‚Angemessenheit' sind daher keineswegs unabhängig voneinander zu betrachten, da sie sich untereinander stark beeinflussen. Für die Bewertung bzw. Evaluation von didaktischen Methoden ist demnach stets das Zusammenspiel der genannten Kriterien von Bedeutung. Eine Gewichtung der einzelnen Kriterien ist in der vorliegenden Arbeit daher nicht möglich.

2.3 Klassifikation von Evaluationsverfahren zur Messung didaktischer Gütekriterien

Für eine Quantifizierung und Erfassung der aufgeführten Gütekriterien didaktischer Methoden sind diverse Verfahren und Vorgehensweisen denkbar. Auf Grund der beschriebenen Interdependenzen der Kriterien sind manche der empirischen Methoden zur (Teil-)Erfassung mehrerer Kriterien geeignet. Basierend auf Verfahren der Kompetenzmessung sollen im Folgenden demnach ebenso Verfahren zur Erfassung von Motivation und Angemessenheit dargestellt und integriert werden.

Für die konkrete Ausgestaltung der Verfahren zur Erfassung von Kompetenzen sind in der wissenschaftlichen Literatur zahllose Ansätze, theoretische Überlegungen und Vorgehensweisen zu finden. Das unterschiedliche Verständnis vom Kompetenzbegriff selbst ist der Hauptgrund für die unterschiedlichen Mess- und Bewertungskonzepte, welche „vor dem jeweiligen Hintergrund alle eine spezifische Berechtigung besitzen" [Kau06, S. 40].

Grundsätzlich lässt sich jedoch festhalten, dass Kompetenzen nicht direkt mess- oder beobachtbar sind. Durch den nachgewiesenen Zusammenhang von Situation und Kompetenz wird deutlich, dass diese erst durch den Vollzug einer Handlung erfasst und bewertet werden können. Dieser Ansatzpunkt ist für die Verfahren zur Messung und Erfassung von Kompetenzen als grundlegend und notwendig anzusehen [ebd., S. 41]. Des Weiteren ist zu beachten, dass Kompetenzen veränderbar sind und somit einem Entwicklungsprozess unterliegen, was „eine Erfassung zu verschiedenen Zeitpunkten erforderlich macht" [ebd., S. 41].

Kaufhold zeigt verschiedene Verfahrensweisen der Kompetenzerfassung auf, welche sie für unterschiedliche Kompetenzbereiche als geeignet einschätzt [ebd., S.

36 f.]. In Anlehnung daran soll im Folgenden eine komplexe Darstellung und Klassifikation möglicher Evaluationsverfahren für alle drei der aufgeführten Gütekriterien erfolgen. Hauptsächlich fließen dazu die Arbeiten von Sembill [Sem97, Sem00, Sem04] mit in die Darstellungen ein.

2.3.1 Kognitive Leistungstests

Der Einsatz von kognitiven Leistungstests ermöglicht die Erfassung von persönlichen Leistungsmerkmalen. Um Kompetenzen im Sinne von Wissen und Fähigkeiten/Fertigkeiten sichtbar machen zu können, müssen bei Schülerinnen und Schülern bestimmte Verhaltensweisen hervorgerufen werden. Die Tests sind dazu in verschiedene Testaufgaben gegliedert, mit denen die jeweiligen Personen konfrontiert werden [Kau06, S. 36]. Die Antwortformate der gestellten Aufgaben können dabei entweder gebunden (geschlossen, Multiple Choice) oder offen (frei) gestaltet werden [Wal05, S. 18]. Das Ziel der Quantifizierung von Merkmalsausprägungen kann somit umgesetzt werden und bildet die Basis für eine objektive Auswertung und Analyse der erbrachten Leistungen. Für eine Evaluation und Quantifizierung der Effektivität einer Unterrichtsmethode bezüglich des Wissenszuwachses von Schülern sollte beim Einsatz von kognitiven Leistungstests idealerweise eine Vorher-Nachher-Messung stattfinden.

2.3.2 Verhaltensbeobachtung

Die Kompetenzerfassung durch Verhaltensbeobachtung kann nur indirekt durch die Analyse der Qualität des Handelns in einer Situation erfolgen. Das sichtbare Verhalten der Probanden gilt dabei als Ausgangspunkt für Aussagen über die zugrunde liegenden Kompetenzen und deren Ausprägungen [Kau06, S. 37]. Um jedoch zuverlässige Rückschlüsse auf die vorhandenen Kompetenzen ziehen zu können, müssen verschiedene Situationen beobachtet werden und eine relative Konsistenz des Handelns zu verzeichnen sein [ebd., S. 37]. Mittels Videoanalysen lassen sich mehrere differierende Situationen festhalten und auswerten. Bezogen auf die Untersuchung von didaktischen Methoden bewirkt der Einsatz von Videoaufzeichnungen eine Visualisierung von komplexen Unterrichtsprozessen [Gär07, S. 72]. So wird es möglich nicht nur Endergebnisse einer Aufgabenbewältigung zu beurteilen, sondern den gesamten Lösungsprozess (Prozessanalysen). Zusätzlich lassen sich aus der Verhaltensbeobachtung Rückschlüsse über ‚Motivation' und ‚Angemessenheit' ableiten, bspw. durch Aussagen über die Konzentration und

Mitarbeit der Schüler während des Unterrichts, die soziale Integration der Lernenden oder den Erfolg oder Misserfolg bei der Bewältigung von Aufgabenstellungen.

2.3.3 Verhaltensbeschreibung

Die Verwendung von Verhaltensbeschreibungen ermöglicht neben der indirekten Kompetenzerfassung ebenso die Messung der Kriterien ‚Motivation' und ‚Angemessenheit'. Dabei kann über Selbst- oder Fremdbeschreibung stattgefundenes Handeln und Erleben erfasst werden [Kau06, S. 37].

Fragebögen und Interviews stellen für diese Art von Evaluation adäquate Instrumente dar. Durch so genannte PANAS-Fragebögen (Positive And Negative Affect Schedule) lässt sich die emotionale Grundstimmung und Motivation von Schülern mittels skalierter Wortreihen erfassen [Sem00, S. 28; Sem04, S. 43 f.]. Durch den Einsatz mobiler Datenerfassungsgeräte ist es außerdem möglich, mittels einer Prozessmessung Daten zu erheben, welche „internale und externale Aspekte eines subjektiven emotionalen, motivationalen und kognitiven Erlebens erfassen" [Sem97, S. 17]. Vor- und Nachbefragungen mittels Interviews mit den Probanden sind ebenso eine wirksame Methode zur Verhaltensbeschreibung von Prozessen, Interaktionen und Befindlichkeiten der Schüler.

Bei der Nutzung von Verhaltensbeschreibungen ist jedoch zu beachten, dass es sich bei den erhobenen Informationen um gefilterte (subjektive) Aussagen handelt. Durch Fehler in der Verhaltensbeschreibung und eigene Urteilsbildung der Probanden kann eine verzerrte Darstellung der tatsächlichen Vorgänge stattfinden. Über diese Gefahrenpotentiale hinaus beeinflusst die Bereitschaft der teilnehmenden Personen die Qualität der Verhaltensbeschreibungen in hohem Maße [Kau06, S. 37].

Bezüglich der vorgestellten Evaluationsverfahren ist jedoch anzumerken, dass ausschließlich die Handlungen der Schüler beobachtet und bewertet werden können. Das Lösen von Aufgaben oder Problemen und die dazu nötigen Kompetenzen können mittels Leistungstest oder Verhaltensbeobachtung bzw. -beschreibung beurteilt werden. Hingegen ist eine Bewertung von Endprodukten (wie eine Hausarbeit und die Präsentation einer Projektarbeit) oder aber des fachlichen Engagements der Schüler dabei, nicht in die dargestellten Verfahren einzuordnen.

3 Evaluation didaktischer Methoden der Schulinformatik

Im folgenden Hauptteil der Arbeit sollen mögliche Evaluationsmethoden von Unterrichtsmethoden anhand einer konkreten didaktischen Methode in der Schulinformatik verdeutlicht werden. Ausgangspunkt dazu bilden ausgewählte, zu vermittelnde Lehr- und Lerninhalte und die dabei angestrebten Lernziele und Kompetenzen. Eine zur Vermittlung der Lerninhalte geeignete Unterrichtsmethode soll vorgestellt und die Möglichkeiten deren Evaluation erläutert werden. Die Evaluationsmöglichkeiten gliedern sich dabei nach den bereits eingeführten Gütekriterien für didaktische Methoden. Zum Abschluss dieses Kapitels wird auf mögliche dabei entstehende Probleme und Restriktionen hingewiesen.

3.1 Lerninhalte und eine dazu geeignete didaktische Methode

Zur Verdeutlichung der Möglichkeiten einer Evaluation von Gütekriterien didaktischer Methoden, soll im Folgenden das Thema der objektorientierten Modellbildung und Programmierung verwand werden. Diese Thematik ist in diversen Bundesländern im Lehr- bzw. Bildungsplan des Schulfaches Informatik verankert, wie bspw. in der Kursstufe der Gymnasien Baden-Württembergs [Min04, S. 440] oder in der gymnasialen Jahrgangsstufe 10 des Freistaates Bayern [Sta04]. Der Lehrplan des letztgenannten Bundeslands soll zur Veranschaulichung der angestrebten Kompetenzen und Lernziele bzgl. des Themas Objektorientierung (Modellierung) dienen [ebd.].

3.1.1 Lernziele und -inhalte

Zu Beginn des erwähnten Lehrplans [ebd.] werden für das Unterrichtsfach Informatik allgemeine (übergeordnete) Lernziele beschrieben, welche unter anderem auf eine angestrebte Ausbildung von Sozial-, Selbst- und Methodenkompetenz schließen lassen. Der folgende Passus verdeutlicht dies:

> „Sie erkennen, dass erst durch sorgfältig geplante Teamarbeit in Verbindung mit einem soliden Fundament an Wissen und einer klar strukturierten Vorgehensweise die Lösung von schwierigen, für den Einzelnen zu umfangreichen Aufgabenstellungen möglich wird." [ebd.]

Ebenso wird die Entwicklung von Fachkompetenzen durch eine Formulierung von allgemeinen Lernzielen gefordert. Mit Bezug auf das zu betrachtende Thema sind die allgemeinen, fachlichen Lernziele [ebd.] zu nennen:

(1) Sie können zeitliche Abläufe strukturieren, indem sie sie mit Hilfe von Zuständen und Übergängen beschreiben.

(2) Sie sind in der Lage, einfache Zustandsübergangsdiagramme in objektorientierte Programme umzusetzen.

(3) Sie können Aufgabenstellungen durch objektorientiertes Strukturieren lösen.

(4) Sie können Interaktionen zwischen Objekten darstellen und in einem Programm realisieren.

(5) Sie können verschiedene Modellierungstechniken sachgerecht und miteinander verknüpft anwenden.

Speziell im Lernbereich 10.1 „Objekte und Abläufe" mit dem Unterpunkt 10.1.3 „Beziehungen zwischen Objekten" werden explizit Inhalte und Lernziele bzgl. der Thematik der objektorientierten Modellierung und Programmierung festgehalten. Für die inhaltliche Vermittlung der „Kommunikation zwischen Objekten durch Aufruf von Methoden" [ebd.] soll im folgenden Abschnitt eine bereits in der unterrichtlichen Praxis erprobte Unterrichtsmethode vorgestellt und kurz erläutert werden.

3.1.2 Didaktische Methode zur Realisierung der Lernziele

Als Mittel zur Einführung in die Inhalte der objektorientierte Modellierung schlägt Diethelm [Die07] den Einsatz eines Objektspiels vor. Dieses fungiert als ein Teil einer von ihr entwickelten Unterrichtskonzeption, welche einen handlungsorientiertem Unterrichtsansatz verfolgt. Das Objektspiel dient dabei zur Veranschaulichung des Zusammenspiels von Objekten und trägt dazu bei, den Lernenden „ein wachsendes Gefühl für die Objekte zu vermitteln" [ebd., S. 59]. Die angestrebte prozessbezogene Kompetenz „Modellieren und Implementieren", formuliert durch die Gesellschaft für Informatik (siehe Abbildung 2), kann so gefördert werden. Für die Schüler liegt das Hauptproblem der Objektorientierung meist darin, dass sie „den Unterrichtsgegenstand aus einer anderen Perspektive betrachten müssen, um Lösungsstrategien oder ein Modell zu entwickeln" [DG05, S. 149]. Es fällt ihnen dabei schwer, Möglichkeiten und Restriktionen des Rechners abzuschätzen und die nötigen Programmierschritte zur Problemlösung durchzuführen [ebd., S. 149].

Das Objektspiel, ausgehend von Ansätzen nach Bergin [Ber00], hat daher zum Ziel, die Modellierung von Methoden eines Objektes zu erleichtern [Die07, S. 85]. Es unterstützt die oben genannten Lernziele (3) und (4) und die Vermittlung der im Lehrplan thematisierten „Kommunikation zwischen Objekten durch Aufruf von Methoden" [Sta04]. Konkret gesprochen soll mit Hilfe des Objektspiels der Perspektivwechsel, welcher bei der Umsetzung von Problemstellungen in ein Programm ausgehend von Objektdiagrammen notwendig ist, unterstützt werden [DG05, S.149]. Auf Seiten der Schüler soll so die mentale Vorstellung bzw. das mentale Modell der Arbeitsweise von Objekten gefördert werden und ein Überblick darüber entstehen, was Objektorientierung ausmacht [ebd., S. 158]. Durch die Verwendung dieser Methode wird zusätzlich Hilfe bei der Analyse und Dekonstruktion eines bestehenden und bei der Konstruktion eines neuen Systems (als Lösung für ein Problem) geleistet [ebd., S. 150].

Das Objektspiel kann in zwei unterschiedlichen Verfahrensweisen umgesetzt werden. Die erste Variante ist ein Rollenspiel mit Schülern. Zur Veranschaulichung des Zusammenspiels von Objekten nehmen die Schüler selbst die Rolle je eines Objektes ein. Auf diese Weise ist es ihnen möglich sich Kenntnisse über die konstruierte Modellwelt zu erarbeiten. Die Vervollständigung des angesprochenen mentalen Modells wird in Folge des aktiven Handelns der Schüler (als Teil dieser Modellwelt) vorangetrieben [Die07, S. 59]. Bei leichten Methoden ist es den Schülern sogar möglich einen Entwurf der Methode direkt aus dem Objektspiel abzuleiten [ebd., S. 59]. Zur Veranschaulichung der eingeschränkten Möglichkeiten einzelner Objekte bekommen die Schüler die Aufgabe ein vorgegebenes Objektdiagramm im Objektspiel nachzubilden. Dies geschieht indem sie sich dem Objektdiagramm entsprechend im Raum aufstellen. Um den Perspektivwechsel bei den Lernenden stärker zu fördern, werden nun jedem Schüler, der ein Objekt darstellt, die Augen verbunden. Die Schüler, welche keine Objekte spielen, „stellen die Links zwischen den Objekten her, indem sie die Hände der Objekt-Schüler so miteinander zusammenbringen bzw. entsprechende Regieanweisungen geben, dass das Objektdiagramm genau abgebildet wird. Um die Richtung eines Links zu signalisieren, können auch nur die Arme des Objekt-Schülers als Link dienen, von dem die Verbindung ausgeht." [ebd., S. 94 f.]. Der jeweilig in Aktion befindliche Schüler teilt seinen bislang unbeteiligten Mitschülern mit, welche Handlungen er vollzieht. Dabei darf der Objekt-Schüler nur die vorher für das jeweilige Objekt festgelegten Aufgaben durchführen. Die nicht direkt beteiligten Schüler dokumentieren seine Vorgehensweise als Objekt durch das Notieren seiner Aktionen an der Tafel und erstellen somit „eine sehr genaue textuelle Beschreibung des Ablaufs der Methode" [DG05, S. 152]. Dieses Protokoll liefert nun für alle Schüler „eine gute Hilfe zur Implementierung der Methode und für das Verständnis ihrer Arbeitsweise" [ebd., S. 152].

Die Objektspielvariante mit Schülern im Rollenspiel eignet sich besonders für die ersten Unterrichtseinheiten zur objektorientierten Verhaltensmodellierung. Der Vorteil besteht dabei zum einen darin, dass sich die Lernenden durch die erzwungene Interaktion mit dem Beispiel befassen müssen. Zum anderen wird es den Schülern durch den handlungsorientierten Ansatz dieser Objektspielvariante ermöglicht, „auf einer weiteren Wahrnehmungsebene Informationen aufzunehmen und so ihr mentales Modell schneller und direkter mit dem der Mitschüler abzugleichen" [Die07, S. 90].

Die zweite mögliche Variante für eine Umsetzung des Objektspiels ergibt sich durch die Verwendung des Dynamic Object Browsing System (kurz: Dobs) des Case-Tools FUJABA [Für nähere Informationen: Sch03]. Hierbei handelt es sich um ein „Spiel mit den realen visualisierten Objekten im Arbeitsspeicher des Computers" [ebd., S. 89]. Ein wesentlicher Vorteil dieser Variante ist der Fakt, dass die Lernenden im Dobs „ihrem eigenen Lerntempo entsprechend die Objektstruktur erkunden und Änderungen ganz nach ihrer eigenen Vorstellung vornehmen" können [ebd., S. 90].

Da ein problemloser Ablauf der zweiten Objektspielvariante idealerweise Erfahrungen mit dem Objektspiel als Rollenspiel und mit dem Tool FUJABA voraussetzt, soll in der vorliegenden Arbeit die erste Objektspielvariante fokussiert und für eine Darstellung von Evaluationsmöglichkeiten didaktischer Methoden herangezogen werden.

3.2 Evaluationsmöglichkeiten der vorgestellten didaktischen Methode

3.2.1 Allgemeine Überlegungen zum Evaluationsdesign

Bei der Evaluation von didaktischen Methoden sollten neben den genannten Gütekriterien ebenso mögliche Einflussfaktoren auf den unterrichtlichen Prozess beachtet werden. Diese können die erzielten Untersuchungsergebnisse verfälschen und jegliche Schlussfolgerungen daraus unbrauchbar machen. Beispielhaft wären dafür das Lehrerverhalten, die Lehrerakzeptanz auf Seiten der Schüler, das Vorwissen oder auch die aktuelle Stimmungslage der Schüler zu nennen. Es empfiehlt sich daher nicht nur einzelne Klassen zu untersuchen, sondern die Wirksamkeit der zu evaluierenden didaktischen Methode in mehreren Klassenverbänden, mit mehreren Lehrpersonen und an mehreren Zeitpunkten zu erforschen. Darüber hinaus sollte darauf geachtet werden, dass alle Schüler zumindest formell über die gleichen Voraussetzungen für das Erlernen der neuen Inhalte verfügen. Insbesondere das vermittelte Vorwissen (mind. gleicher Lehrplan) sollte bei allen an der Evaluation teilnehmenden Schülern identisch sein. Ebenso sollten auch beeinflussbare Belastungen für die emotionale Befindlichkeit der Schüler, wie bspw. eine zeitnah anstehende Klassenarbeit, umgangen werden.

Für einen objektiven Vergleich der Effektivität didaktischer Methoden sollte eine Vergleichsuntersuchung bzgl. einer anderen Unterrichtsmethode für die gleichen Lerninhalte stattfinden. Bei der Evaluation des erläuterten Objektspiels wäre bspw. der bisher eingesetzte Frontalunterricht zur Vermittlung des gleichen Unterrichtsthemas als Vergleichsmethode denkbar. Nur so können konkrete Aussagen über die Vorteile oder auch Nachteile der zu untersuchenden didaktischen Methode getroffen werden. Um spezifische Angaben zur Ausprägung der vorgestellten Gütekriterien von Unterrichtsmethoden vornehmen zu können, werden in den folgenden Abschnitten mögliche Methoden zur Evaluation dieser Kriterien genauer vorgestellt.

3.2.2 Evaluation des Gütekriteriums Motivation

Um beurteilen zu können, ob ein Schüler motiviert oder interessiert am Unterricht teilnimmt, sind verschiedene Evaluationsmöglichkeiten denkbar. In der wissenschaftlichen Literatur wird bzgl. dieses Gütekriteriums häufig die Verwendung von Befragungen in Form von Interviews oder Fragebögen beschrieben, da sie ein schnell und leicht anzuwendendes Untersuchungsinstrument darstellen [Jäg05, S. 38]. Durch diese Art von Verhaltenbeschreibung können subjektive Bewertungen bzgl. des Erlebten durch den Schüler selbst erhalten werden. Dabei sollten relevante Faktoren für eine intrinsische Motivation abgefragt werden, welche Hinweise und Rückschlüsse auf die Ausprägung der Schülermotivation zulassen. Wie stark hat die angewandte Methode das Interesse der Schüler geweckt? Hatte der Schüler Freiraum für eigene Ideen und das Einbringen von Vorschlägen? Wurden die Schüler bei der selbstständigen Umsetzung des Objektspiels vom Lehrer unterstützt? Hat das Objektspiel dem Schüler Spaß gemacht? Welche Art von Rückmeldungen gab der Lehrer auf das Handeln der Schüler?

Ein wichtiges Kriterium, welches Hinweise und Rückschlüsse auf die Ausprägung des Interesses und damit auch der Motivation eines Schülers zulässt, ist dessen Aufmerksamkeit während des Unterrichts. Zudem gilt die Aufmerksamkeit eines Schülers als „Determinante individuellen und schulischen Lernens und Leistens" und deren Niveau und Schwankungsbreite während des Unterrichts als „Indikatoren der Effizienz der Klassenführung und Unterrichtsqualität" [HR92, S. 130]. Die Aufmerksamkeit eines Schülers ist demnach ein wichtiges Teilkriterium für die Güte einer Unterrichtsmethode.

Bei der Anwendung bzw. Untersuchung einer didaktischen Methode wie dem Objektspiel, ist die Aufmerksamkeit jedes einzelnen Schülers während der Durchführung des Rollenspiels von Relevanz. Ein dafür geeignetes Instrument der Verhaltensbeobachtung ist das Münchner Aufmerksamkeitsinventar (MAI). Dabei handelt es sich um ein Beobachtungsverfahren zur systematischen Erfassung des Aufmerksamkeitsverhaltens von Schüler während des Unterrichts [ebd., S. 139]. Der Vorteil dieser Art von Evaluation besteht, im Gegensatz zu den vorher erwähnten Befragungen, vor allen Dingen darin, dass sie „das Problem der Antwortverzerrung bei Selbst- und Fremdbeurteilungen" umgeht [ebd., S. 131]. Ein Kritikpunkt des MAI ist jedoch, dass damit nur die „Wachheit und Orientierung" eine Schülers erfasst werden kann, nicht ob und was die Schüler im Unterricht denken und wie intensiv sie sich tatsächlich „mental engagieren" [ebd., S. 131]. Dennoch wurde das MAI aufgrund der empirischen Fundiertheit der Objektivität, Reabilität und Validität des Verfahrens bereits in mehreren Studien (bspw. an Grund- und beruflichen Schulen) erfolgreich eingesetzt und soll im Folgenden erläutert werden.

Der methodische Ansatz des MAI entspricht dem eines Zeitstichprobenverfahrens mit einem multiplen Kodiersystem. In jedem Beobachtungsintervall werden simultan mehrere Aspekte kodiert: „das Unterrichtsfach, die Art des fachlichen oder nichtfachlichen Kontextes [siehe Abbildung 3] und das Aufmerksamkeitsverhalten" der Lernenden [ebd., S. 133]. Bei der Interpretation des Schülerverhaltens wird bzgl. der Nutzung der jeweiligen Lerngelegenheit hauptsächlich zwischen „on-task" und „off-task"-Verhalten der Schüler unterschieden (siehe Abbildung 4) [ebd., S. 131].

Kodierung	Kontextkategorie
(1)	Lehrerzentrierter Unterricht
(2)	Stillarbeit, Gruppen- und Partnerarbeit und kollektive Arbeiten
(3)	Tests, Proben, Lernzielkontrollen
(4)	Übergang
(5)	Musik, Spiel, Gymnastik
(6)	Management, Klassenführung
(7)	Prozedurales
(8)	Private Interaktionen

Abbildung 3: *Kodierung von Kontextkategorien (Eigene Darstellung in Anlehnung an [HR92, S. 133])*

Kodierung	Kontextkategorie	
ON-TASK	(a) *passiv:* der Schüler tut genau das, was er in der jeweiligen Unterrichtsphase tun soll	
	(b) *aktiv/selbst-initiiert:* alle fachbezogenen Schüleraktivitäten, die Ausdruck für spontanes, selbst-initiiertes fachliches Engagement sind	
	(c) *relativ/fremd-initiiert:* Schüler reagiert auf eine entsprechende Aufforderung oder Frage des Lehrers	
OFF-TASK	(d) passiv, nicht interagierend: Schüler verpasst die Lerngelegenheit, ohne Andere einzubeziehen und Beeinträchtigung des Unterrichts	
	(e) aktiv, interagierend, störend: Schüler nimmt die Lerngelegenheit nicht wahr und ist anderweitig engagiert	

Abbildung 4: *Kodierung von Aufmerksamkeitskategorien (Eigene Darstellung in Anlehnung an [HR92, S. 133])*

Aufgrund der empirisch nachgewiesenen Objektivität der Kodierungen ist es ausreichend, wenn der unterrichtende Lehrer selbst (ohne weitere personelle Hilfe) die Aufmerksamkeitsbeobachtungen durchführt [ebd., S. 136]. Bevor diese jedoch beginnen, sollten die Schülernamen und die Kontext- sowie Aufmerksamkeitskategorien (Abbildung 3 und 4) in einem Kodierheft vorbereitet werden. Während einer Unterrichtsstunde umfassen die Beobachtungen durch den Lehrer mehrere

Zyklen, in welchen die Schüler in einer vorher festgelegten Reihenfolge für jeweils fünf Sekunden beobachtet werden [ebd., S.134]. Die Beobachtungen werden dann kodiert im vorbereiteten Heft notiert. Aus Gründen der Praktikabilität sollte nur dann eine explizite Kontextkodierung vorgenommen werden, wenn sich der vorhergehende Kontext verändert hat. Nachdem der Zyklus vier Mal vollständig durchgeführt wurde, sollte eine zweiminütige Pause erfolgen. Für eine verlässliche Aussage bzgl. der Aufmerksamkeit auf Klassenebene, genügt bereits eine einzige Erhebung von der Länge einer Unterrichtsstunde [ebd., S. 137]. Die reine Beobachtungszeit, die demnach mindestens benötigt wird, beträgt bei einer Klassenstärke von 25 Schülern circa 20 Minuten. Da die Lehrperson während der Durchführung des Objektspiels (nach der Erläuterung der Vorgehensweise) eine eher beratende Rolle einnimmt, sollte der Zeitaufwand für die notwendigen Beobachtungen keine zu große Belastung darstellen. Besonders bei einer Verhaltensbeobachtung der Schüler während des Objektspiels ist dies, im Verhältnis zur Aussagekraft der Erhebung, zumindest eine vertretbare Belastung der unterrichtenden Lehrerperson. Die mögliche Relevanz des MAI in der praktischen Unterrichtsevaluation wird damit bekräftigt. Es ist jedoch anzumerken, dass sich der Einsatz von Videoaufzeichnungen als nicht praktikabel für diese Evaluationsmethode erweisen könnte, da die Schüler nicht ausreichend aus nur einer Kameraperspektive beobachtet werden können.

Ein weiteres Evaluationsinstrument, welches Schlussfolgerungen auf die Motivation eines Lernenden zulässt, ist der PANAS-Fragebogen. Aufgrund seiner höheren Relevanz für die Evaluation des Gütekriteriums ‚Angemessenheit' soll der Einsatz von PANAS-Fragebögen für die Evaluation von Unterricht erst in Abschnitt 3.3.3 näher erläutert werden.

3.2.3 Evaluation des Gütekriteriums Kompetenzentwicklung

Besonders bei der Untersuchung des Gütekriteriums ‚Kompetenzentwicklung' eines Schülers ist ein vergleichender Untersuchungsansatz wichtig. Um eine Steigerung der jeweiligen Kompetenzen eines Lernenden greifbar zu machen, wären Kompetenzmessungen jeweils vor und nach der Unterrichtseinheit bzw. vor und nach dem Einsatz der jeweiligen didaktischen Methode sinnvoll. Nur so kann festgehalten werden, welche Kompetenzen mit welcher Intensität durch die vollzogenen Maßnahmen gefördert wurden. Welche Evaluationsmethoden zur Messung der vier zu unterscheidenden Kompetenzarten genutzt werden können, wird in den folgenden Punkten beschrieben.

3.2.3.1 Sachkompetenz

Das Hauptaugenmerk bei der Ausbildung von Sachkompetenz liegt auf der Wissensgenerierung und dem Erkennen von Zusammenhängen [LN01, S. 6]. Zur Überprüfung, über welches Wissen ein Schüler verfügt, eignen sich die bereits angesprochenen kognitiven Leistungstests. Hierbei kann das vorhandene Wissen durch Abfragen und durch das Lösen von Aufgabenstellungen erfasst bzw. getestet werden. Dabei gibt es jedoch nur eine „objektiv richtige bzw. falsche Lösung" [Kau06, S. 26]. „Obwohl die Nützlichkeit solcher Verfahren insgesamt eher pessimistisch einzuschätzen" [ebd., S. 36] ist, gibt es dennoch Bereiche, in denen solche Aufgabentypen zweckmäßig eingesetzt werden können, bspw. beim Erfassen von deklarativem Wissen (Faktenwissen).

Ein weiteres interessantes Instrument zur Erfassung von Sachkompetenz ist die Wissensdiagnose auf Basis von Assoziieren und Struktur-Legen nach Rothe [ER03, S. 114]. Aus Gründen der Umsetzbarkeit in die schulische Praxis soll im vorliegenden Text auf die Darstellung des Assoziierens verzichtet werden, da der Zeit- und Arbeitsaufwand der Vorbereitung und Anwendung dieser Methode zu umfangreich sind [ebd., S. 118].

Die Methode des Struktur-Legens externalisiert individuelles Wissen der Schüler durch die „Visualisierung von Begriffen und Relationen" [ebd., S. 115]. Neben der Wissenserfassung eignet es sich ebenso für das Erfassen des „Erkennen von Zusammenhängen" [LN01, S. 6]. Die Schüler werden instruiert, beschriftete Karten (Begriffe oder Beschreibungen semantischer Relationen) so auszulegen oder aber bereits gelegte Strukturen so zu manipulieren, wie es „ihrem Wissensbesitz entspricht" [ebd., S. 115]. Die verwendeten Begriffe sollten dabei zentrale Begriffe einer Wissensdomäne darstellen, nur so ist die Erfassung valider Kenndaten möglich [ebd., S. 122]. Aus Gründen der Übersichtlichkeit sollten den Schülern nicht mehr als 30 beschriftete Karten vorgelegt werden. Ferner können die Lernenden jedoch zusätzliche Ergänzungen vornehmen und sind dazu aufgefordert alle vorgegebenen Karten zu verwenden [ebd., S. 118]. Bei der Auswertung der gelegten Strukturen können bspw. die Anzahl der Verknüpfungen oder die Anzahl gelegter bzw. nicht verwendeter Begriffe und Relationen als quantitative Kennzahlen genutzt werden [ebd., S. 118]. Vergleiche zwischen verschiedenen Schülern oder die Ermittlung der Lernfortschritte eines einzelnen Schülers sind durch die Einsatz des Struktur-Legens möglich [ebd., S. 115]. Beachtet werden sollte jedoch, dass ausschließlich verbalisierbares Wissen mittels dieses Verfahrens erfasst werden kann. „Automatisierte Komponenten des kompetenten Handelns" sind mit Hilfe der vorgestellten Methode nicht möglich [ebd., S. 122].

In Bezug auf das Objektspiel könnten mit Hilfe des Struktur-Legens Wissen bzgl. Objekten, Klassen, Attributen, Relationen, Methoden und Vererbung erfasst und visualisiert werden.

Der zeitliche Aufwand dieser Art von Wissensdiagnose ist abhängig von der vorgegebenen Anzahl von Begriffen und den zu testenden Personen. Bei circa 40 Begriffen benötigt eine Person etwa 90 Minuten für die Durchführung des Struktur-Legens. Für den schulischen Einsatz ist zur Reduzierung des Zeitaufwands daher eine Vorgabe von 15-25 Begriffen vorstellbar.

3.2.3.2 Sozialkompetenz und Selbstkompetenz

Aufgrund des starken Zusammenhangs von Sozial- und Selbstkompetenz einer Person sind die Verfahrensweisen bei der Erfassung beider Kompetenzen nahezu identisch. Eine mögliche Methode zur Erfassung der Ausprägung beider Kompetenzen ist die Ermittlung mittels qualitativer Selbst- bzw. Fremdeinschätzungen. Diesbezüglich wäre, in Anlehnung an das Kompetenzrad nach North [ER03, S. 200], eine Selbsteinstufung der beiden Kompetenzen (auch für Sachkompetenzen anwendbar) auf einer dreistufigen Skala möglich. Die einzelnen Skalenstufen sollten jedoch zur Orientierung für den Schüler entsprechende Beispiele der jeweiligen Ausprägung enthalten [ebd., S. 201]. Für die Einstufung der Sozialkompetenz einer Person wäre bspw. eine Skalierung in den Stufen „gering ausgeprägt", „ausgeprägt" und „stark ausgeprägt" möglich [ebd., S. 206]. Eine feingliedrigere Skalierung zur Erfassung von Selbstkompetenz sieht das Emotional Competency Inventory (ECI) nach Peters und Winzer [ebd., S. 539] vor. Mit Hilfe des ECI lässt sich die emotionale Intelligenz einer Person messen. Diese zeichnet sich insbesondere darin aus, dass eine Person realistisch einschätzen kann, „welche Handlungen voraussichtlich welche Emotionen auslösen, und dieses Wissen in eine vernünftige Entscheidungsfindung" einfließen lässt [Kan07, S. 27]. Bei der Messung sollten die vier Teilkonstrukte der emotionalen Intelligenz erfasst werden: Selbstbewusstsein, Selbstmanagement, Soziales Bewusstsein und Soziale Fähigkeiten [ER03, S. 539]. Die Erhebung der Daten geschieht, wie schon in der vorangegangenen Methode, anhand von Selbst- und Fremdeinschätzung per Fragebogen [ebd., S. 541].

Ein weiterer Ansatz zur Messung von Sozial- und Selbstkompetenz (aber auch Sach- und Methodenkompetenz) einer Person ist der des Kasseler-Kompetenz-Rasters (KKR) nach Kaufheld/Grote/Frieling [ER03, S. 261]. Diese Methode basiert auf der Auswertung von Videoaufzeichnungen eines interaktiven Handlungskontextes mit Anforderungsbezug (bspw. Gruppendiskussion oder Projektarbeit) [ebd., S. 263]. Die verbalen Äußerungen und Verhaltensweisen der Gruppenmitglieder (max. fünf bis sieben Personen) während der Gruppendiskussion werden mittels Videoaufzeichnungen „Akt für Akt" analysiert und dann entsprechend der Kriterien des KKR der betreffenden Kompetenz zugeteilt und bewertet [ebd., S. 263]. Der zeitliche Aufwand dieses Messverfahrens ist mit circa 60 Minuten auch für Lehrpersonen vertretbar, übersteigt jedoch bzgl. der Auswertung der Daten (ca. 30 Stunden pro Gruppendiskussion) deutlich die Kapazitäten eines unterrichtenden Lehrers [ebd., S. 265]. Änderungen in der Vorgehensweise und Auswertung wären demnach für einen Einsatz in der Unterrichtsevaluation notwendig.

Allgemein ist festzuhalten, dass die vorgestellten Methoden zur Messung von Sozial- und Selbstkompetenz im Hinblick auf die Entwicklung und Evaluation von betrieblicher Handlungskompetenz entwickelt wurden. Eine Übertragung auf die Evaluation von Schulunterricht ist dennoch denkbar. Beispielsweise würde sich der Ansatz zur Sozial- und Selbstkompetenzerfassung mittels Videoaufzeichnungen für die Durchführung und Evaluation des Objektspiels eignen. Auf diese Weise könnte sich die Lehrperson während des Objektspiels auf das Unterstützen und Anleiten der Schüler oder auch auf eine parallel durchgeführte Aufmerksamkeitsbeobachtung (siehe 3.2.2) konzentrieren. Für konkrete Vorschläge bzgl. Einsatz und Umsetzung dieser Evaluationsmöglichkeiten in den schulischen Kontext sind jedoch weitere Überlegungen und Ausarbeitungen notwendig, sollen aber nicht Gegenstand dieser Arbeit sein.

3.2.3.3 Methodenkompetenz

Die aufgezeigten Möglichkeiten (Kompetenzrad und KKR) zur Erhebung von Sozial- und Selbstkompetenz lassen sich ebenso für die Messung von Methodenkompetenz anwenden. Bei der qualifizierten Selbst- und Fremdeinschätzung des erwähnten Kompetenzrads nach North müsste jedoch eine Änderung der Skalierung vorgenommen werden. Bei fachlichen und methodischen Kompetenzen ist hier eine Kenner-Könner-Experten-Skalierung vorzunehmen [ER03, S. 206]. Die Möglichkeiten und auch die geschlussfolgerten Anmerkungen bzgl. der Ansätze sind jedoch identisch mit denen in Abschnitt 3.2.3.2.

Ferner sind situative Leistungstests zum Transfer von Wissen für eine Erfassung von Methodenkompetenz denkbar. Bei solchen Tests könnten die Schüler mit einer Situation oder einem Problem konfrontiert werden und dazu aufgefordert werden, zu schildern, wie sie in der Situation handeln bzw. das Problem lösen würden [Kau06, S. 135]. Das Anwenden von „zielgerichtetem, planmäßigem Vorgehen" [Kul07, S. 11] auf bzw. in neuen Kontexten, könnte auf diese Weise überprüft werden. In Hinblick auf das Objektspiel wäre dazu bspw. die Beschreibung der zu verwendenden Methoden eines neu zugestaltenden Klassendiagramms oder Programms bzgl. einer vorgegebenen Aufgabenstellung möglich.

3.2.4 Evaluation des Gütekriteriums Angemessenheit

In Folge der starken Interdependenz zwischen den Gütekriterien ‚Motivation' und ‚Angemessenheit' sind zur Messung des Letzteren ebenso Methoden der Motivationsmessung anwendbar. Durch einen Einsatz des Münchner Aufmerksamkeitsinventars könnten bspw. Rückschlüsse auf den Schwierigkeitsgrad von gestellten Aufgaben bzw. der Verständlichkeit von eingesetzten Unterrichtsmethoden getroffen werden. Ein Ableiten von Aussagen über die ‚Angemessenheit' didaktischer Methoden wäre auf diese Weise möglich. Ferner sollen jedoch bei der Evaluation des Gütekriteriums ‚Angemessenheit' exemplarisch folgende Fragen beantwortet werden: Werden Erfolgserlebnisse für die Schüler geschaffen? Fühlen sich die Schüler ausreichend ernst genommen? Werden alle Schüler in das Unterrichtsgeschehen integriert? Kann eine Binnendifferenzierung mittels der angewandten didaktischen Methode vorgenommen werden? Lässt die Unterrichtsmethode Kooperation und gegenseitige Unterstützung der Schüler untereinander zu? Welche

Auswirkungen hat der Unterricht auf das Wohlbefinden der Schüler? Werden Fehler als eine Chance für Verbesserung betrachtet?

„Prozessuale Veränderungen des affektiven Erlebens" eines Schülers haben Auswirkungen auf dessen kognitive Prozesse und sollten daher Beachtung in der Evaluation von Unterrichtsmethoden finden [Sem04, S. 26]. Zur Erfassung des affektiven Erlebens eines Schülers als Teil des Gütekriteriums ‚Angemessenheit' stellen die schon oft erwähnten Befragungen ein praktikables Mittel zur Datenerhebung bzgl. einer didaktischen Methode dar. Eine dafür geeignete Form der Befragung von Personen ist der PANAS-Fragebogen. Er dient der Erfassung des positiven und negativen Affekts (von Unterricht) auf die emotionale Befindlichkeit der Lernenden. Unter positivem Affekt (PA) wird das Ausmaß von Enthusiasmus, Aufmerksamkeit und Aktivität eines Schülers betrachtet [Sem00, S. 28]. Ein negativer Affekt (NA) stellt dagegen das Ausmaß negativen Angespanntseins dar. Es wird erfasst, wie ruhig und ausgeglichen oder aber gereizt, nervös bis hin zu ängstlich ein Schüler ist [Sem00, S. 28]. Mit Hilfe der Erfassung des PA und NA lassen sich nun Rückschlüsse auf die Art der Beeinflussung des Unterrichtsgeschehens auf das emotionale Befinden der Schüler und vice versa ziehen [Sem04, S.43]. Für eine umfassende Abbildung der Emotionen der Schüler kommen zu Beginn und Ende einer Unterrichtseinheit bzw. vor und nach dem Ansatz einer didaktischen Methode (z.B. Objektspiel) Fragebögen zum Einsatz. Diese basieren auf Selbsteinschätzungen der Schüler und stellen somit die subjektive emotionale Befindlichkeit (Grundstimmung) der Lernenden dar [Sem04, S.43]. Der Fragebogen ist als Selbstbeschreibungsinstrument konzipiert und besteht aus jeweils 10 Adjektiven, welche positive bzw. negative Empfindungen beschreiben. Der Schüler ist dazu aufgefordert entsprechend seines momentanen Gefühlszustandes die Intensität eines bei ihm vorliegenden Affekts einzuschätzen. Die dazu zu verwendende Skala ist in fünf Stufen untergliedert („ganz wenig oder gar nicht; ein bisschen; einigermaßen; erheblich; äußerst") [Sem04, S.44]. Die Auswertung der erhobenen Daten kann Aufschluss darüber geben, wie sich die Grundstimmung der Schüler durch die Anwendung der zu untersuchenden Methode verändert [Sem04, S.44].

Neben den herkömmlichen Fragebögen soll an dieser Stelle ebenso die Einsatzmöglichkeit von mobilen Endgeräten zur Datenerfassung erwähnt werden. Die

Verwendung von Handheld-Computern ermöglicht eine elektronische Feedback-Realisierungen, welche in der Regel problemlos in die Evaluation von Unterricht integriert werden kann [Büd06, S. 17 f.]. Ein wesentlicher Vorteil gegenüber den gebräuchlichen Fragebögen in Papierform ist die sichere Anonymität der Schüler, da diesbezügliche Risiken, wie bspw. das Erkennen der Handschrift einer Person, ausgeschlossen werden können [Büd06, S. 20]. Ein weiterer Vorteil der Verwendung von Handheld-Computern ist die Möglichkeit zur Erhebung von Prozessdaten während des Unterrichts. So ist bspw. die „Erhebung von Zeitreihen in einem 5-Minuten-Takt" zu je unterschiedlichen Evaluationsgegenständen realisierbar [Sem00, S. 40]. In Zusammenhang mit den PANAS-Fragebögen könnten mit Hilfe mobiler Endgeräte und deren Evaluationssoftware das affektive Erleben der Schüler nicht nur vor und nach Einsatz einer Unterrichtsmethode ermittelt werden, sondern ebenso während des Unterrichts. Abbildung 5 soll zur Veranschaulichung von bereits eingesetzten Personal Digital Assistants (PDA) als Eingabegeräte für PANAS-Befragungen dienen und zudem die Möglichkeit des Einsatzes von stufenlosen Skalen aufzeigen [Sem00, S. 39].

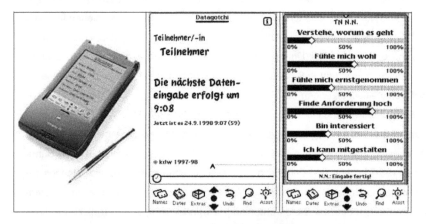

Abbildung 5: *Beispiel eines mobilen Datenerfassungsgerätes (Apple Newton MP130, links) mit dessen Statusbildschirm (mitte) und Eingabemaske (rechts) [Sem00, S. 40]*

Unter Bezugnahme auf das vorgestellte Objektspiel ist der Einsatz solcher mobiler Endgeräte zur Prozessdatenerfassung jedoch nicht als unproblematisch einzuschätzen. Aufgrund der ständigen Aktivität der Schüler während der Durchführung des Rollenspiels, wäre es denkbar, dass das Bedienen der PDAs ein zu großes, nicht mit der Aufgabenstellung zusammenhängendes Problem darstellen könnte. Konzentrationsverlust oder aber auch Stressgefühle auf Seiten der Schüler wären nachvollziehbare Folgen.

3.2.5 Kritische Anmerkungen

Nachdem in den vorangegangenen Abschnitten Methoden bzw. mögliche Ansätze zur Evaluation von didaktischen Methoden aufgezeigt wurden, sollen im Folgenden damit einhergehende Probleme und Schwierigkeiten betrachtet werden.

Grundsätzlich ist dabei festzuhalten, dass Lehr-Lern-Prozesse stets im Zusammenhang mit dem Wirkungsgefüge Emotion, Motivation und Kognition stehen [Sem04, S. 26]. Es ist demnach notwendig, die genannten Gütekriterien ‚Motivation‘, ‚Kompetenzentwicklung‘ und ‚Angemessenheit‘ stets als komplexes Konstrukt zu sehen. Eine Isolation eines der Kriterien ist demnach nicht möglich bzw. würde zu nicht reliablen Schlussfolgerungen führen. Die erzielten Ergebnisse müssen trotz Beachtung dieser Thematik kritisch bewertet werden, da sich diese allein aufgrund der Durchführung der Evaluation und den damit verbundenen veränderten Umständen für den Lernprozess verändern. Besonders die Präsenz von Videokameras oder das vorherige Hinweisen auf Evaluation durch die Lehrperson könnten das Schülerverhalten zu negativ bzw. zu positiv beeinflussen und die Messergebnisse verfälschen. Eine Verheimlichung der eigentlichen Evaluationsintentionen und -ziele ist ratsam. Es sollte demnach nicht angenommen werden, ein tatsächliches und zu 100 Prozent reales Abbild der untersuchten Vorgänge und Auswirkungen der untersuchten didaktischen Methoden erreichen zu können.

Des Weiteren spielt die Akzeptanz des unterrichtenden Lehrers von Seiten der Schüler eine entscheidende Rolle für die Evaluation von didaktischen Methoden. Die Haltungen der Schüler gegenüber dem jeweiligen Lehrer sollten vorher ebenfalls evaluiert werden. Denkbar wären dafür Befragungen zur Erhebung des wahrgenommen Lehrerverhaltens von Seiten der Schüler [SS03, S. 105]. Merkmale wie Sympathie, fachliche Kompetenz und Umgangsverhalten (soziale Kompetenz) der unterrichtenden Lehrperson stellen dazu mögliche Evaluationskriterien dar. [vgl. ebd., S. 181]). Nur unter Bezugnahme auf die Akzeptanz eines Lehrers lassen sich auch verlässliche Aussagen über die Wirksamkeit der zu untersuchenden didaktischen Methode treffen. Dies unterstreicht die Notwendigkeit einer Untersuchung der Evaluationsergebnisse auf deren Reabilität, Validität und Objektivität.

4 Fazit

Ausgehend von der Aussage, dass „Kompetenz als ein Konglomerat aus den Elementen Wissen, Fähigkeiten/Fertigkeiten, Motive und emotionale Dispositionen" zu verstehen ist [Kau06, S. 106], wurden in der vorliegenden Arbeit mögliche Gütekriterien aufgezeigt. Weiter wurden für die identifizierten Kriterien (‚Kompetenzentwicklung', ‚Motivation' und ‚Angemessenheit') Methoden zur Evaluation dargestellt. Einzelne Evaluationsmöglichkeiten wurden genauer erläutert und auf eine ausgewählte didaktische Methode der Schulinformatik, das Objektspiel, bezogen. Eine konkrete Durchführung der Evaluation einer didaktischen Methode konnte jedoch nicht durchgeführt werden. Anhand der (Mess-) Ergebnisse, welche mit Hilfe der beschriebenen Evaluationsmöglichkeiten didaktischer Methoden hervorgehen würden, ließen sich zahlreiche Schlussfolgerungen bzgl. der genannten Gütekriterien vornehmen. Eine Bewertung oder ein Vergleich einzelner bzw. mehrerer Unterrichtsmethoden wäre in Folge dessen möglich. Die gewonnenen Erkenntnisse daraus sollten dann fachlich fundiert in die weitere Unterrichtsgestaltung mit einfließen. Wichtig ist dabei die angesprochene Dialogfunktion (siehe 2.1) von Evaluation. Die Kommunikation zwischen den einzelnen Lehrpersonen bzgl. der neuen Erkenntnisse ist für eine Weiterentwicklung der didaktischen Methoden von großer Bedeutung [Jäg05, S. 14]. Nur so kann eine dauerhafte Verbesserung des Lehr-Lernprozesses stattfinden. Ebenso ist die Wichtigkeit der „wissenschaftlichen Reflexion der Vermittlung von Informatik in der Schule" unbestritten [Fel07]. Da jedoch „der bislang zu diesem Thema veröffentlichte Fundus als überschaubar bezeichnet werden kann", muss die wissenschaftliche Forschung nach einer Verbesserung und Konkretisierung der Evaluationsmöglichkeiten von Unterrichtsmethoden fortgeführt bzw. intensiviert werden. Besonders für die Schuldidaktik der Informatik besteht diesbezüglich starker Nachholbedarf.

Des Weiteren ist festzuhalten, dass die vorgestellten Evaluationsmethoden jeweils eine Momentbetrachtung der Schülereigenschaften und des Lehr-Lernprozesses darstellen. Da bereits im QAIT-Ansatz von Slavin [Sla96] der Zeitfaktor eine bedeutende Rolle für die Unterrichtsqualität spielt, wäre es ebenso interessant die

Kompetenzentwicklung eines Schülers über einen längeren Zeitraum zu beobachten. Auf Basis der daraus gewonnen Erkenntnisse ließen sich Rückschlüsse auf die Langzeitwirkung der eingesetzten didaktischen Methoden zu ziehen. Die dazu notwendigen Verfahren müssten jedoch gesondert untersucht und bewertet werden.

Für den schulischen Bereich ist festzuhalten, dass die Möglichkeiten einer Evaluation auch immer mit den gegebenen Voraussetzungen bzgl. der Ausstattung der jeweiligen Schule in Zusammenhang stehen. Evaluationen mit Hilfe von Videoaufzeichnungen oder per Handheld-Computer sind daher wahrscheinlich nur begrenzt durchführbar. Umso mehr ist die Unterstützung der Schulleitung und des Kollegiums gefordert. Für umfangreiche und fundierte Evaluationen ist unter den Evaluatoren (bzw. Lehrern) ein gewisses Know-how erforderlich. Der Lehrkörper sollte demnach aufgefordert werden diesbezüglich zu kooperieren und sich gegenseitig zu unterstützen. Hingegen müssen die Kultusministerien der Bundesländer und die jeweilige Schulleitung die Evaluation von Unterricht und Unterrichtsmethoden von den Lehrern einfordern und gleichzeitig bestmöglich unterstützen. Dabei sollte versucht werden dies so zu vermitteln, dass die Lehrer die Durchführung von Evaluation nicht als Belastung, sondern als Chance zur effektiveren Vermittlung von Lerninhalten ansehen. Nur auf diese Weise lässt sich auch langfristig ein Beitrag zur Steigerung der Bildungsqualität deutscher Schulen sichern. Ziel sollte also sein, Unterrichtsevaluation in den „Köpfen der Lehrer zu verankern" und diese als einen stetigen Prozess im Schulwesen zu etablieren.

5 Literatur

5.1 Bücher / Journals / Paper

[Büd06]   Büdding, Hendrik: *Entwicklung einer softwaregestützten Unterrichtseva-luation im Gesamtkontext des Einsatzes von mobilen Endgeräten im In-formatikunterricht.* In: Schwill, Andreas; Schulte, Carsten; Thomas, Marco: *Didaktik der Informatik. 3. GI-Fachgruppe "Didaktik der Informa-tik", 19. - 20. Juni 2006 an der Universität Potsdam.* Gesellschaft für In-formatik, S.17-27. Bonn: Köllen Druck+Verlag, 2006.

[DG05]   Diethelm, Ira; Geiger, Leif; Zündorf, Albert: *Mit Klebezettel und Augen-binde durch die Objektwelt.* In: Friedrichs, Steffen: *Unterrichtskonzepte für die informatische Bildung. 11. GI-Fachtagung "Informatik und Schule - INFOS 2005", 28. - 30. September 2005 in Dresden.* Gesellschaft für Informatik, S.149-159. Bonn: Köllen Druck+Verlag, 2005.

[Die07]   Diethelm, Ira: *Strictly models and objects first. Unterrichtskonzept und -methodik für objektorientierte Modellierung im Informatikunterricht.* Dissertation, Universität Kassel. Berlin: Pro BUSINESS, 2007.

[Dit00]   Ditton, Hartmut: *Qualitätskontrolle und Qualitätssicherung in der Schule und Unterricht. Ein Überblick zum Stand der empirischen Forschung.* In: Zeitschrift für Pädagogik, 41. Beiheft: *Qualität und Qualitätssicherung im Bildungsbereich: Schule, Sozialpädagogik, Hochschule.* S.73-92. Weinheim und Basel: Beltz Verlag, 2000.

[EH99]   Erpenbeck, John; Heye, Volker: *Die Kompetenzbiographie : Strategien der Kompetenzentwicklung durch selbstorganisiertes Lernen und mul-timediale Kommunikation.* Münster u.a.: Waxmann, 1999.

[Fel07]   Fels, Joachim: *Konzeption und Evaluation eines integrativen Unter-richtsansatzes für die Softwareentwicklung. Eine Untersuchung zur Di-daktik der Informatik an beruflichen Schulen.* Dissertation, Universität Ulm, 2007.

[Fis06]   Fischer, Natalie: *Motivationsförderung in der Schule. Konzeption und Evaluation einer Fortbildungsmaßnahme für Mathematiklehrkräfte.* Hamburg: Verlag Dr. Kovac, 2006.

[FP07]   Friedrich, Steffen; Puhlmann, Hermann: *Bildungsstandards Informatik – von Wünschen zu Maßstäben für die informatische Bildung.* In: Schu-bert, Sigrid: *Didaktik der Informatik in Theorie und Praxis. 12. GI-Fachtagung "Informatik und Schule - INFOS 2007", 19. - 21. September 2007 an der Universität Siegen.* Gesellschaft für Informatik, S.21-32. Bonn: Köllen Druck+Verlag, 2007.

[Gär07]   Gärtner, Holger: *Unterrichtsmonitoring – Evaluation eines videobasier-ten Qualitätszirkels zur Unterrichtsentwicklung.* Münster: Waxmann Ver-lag, 2007.

[Hel03]   Helmke, Andreas: *Unterrichtsqualität – erfassen, bewerten, verbessern.* Seelze: Kallmeyersche Verlagsbuchhandlung, 2003.

[HH00]   Helmke, Andreas; Hornstein, Walter; Terhart, Ewald: *Qualität und Qua-litätssicherung im Bildungsbereich.* In: Zeitschrift für Pädagogik, 41. Beiheft: *Qualität und Qualitätssicherung im Bildungsbereich: Schule, Sozialpädagogik, Hochschule.* Weinheim und Basel: Beltz Verlag, 2000.

[HR92]   Helmke, Andreas; Renkl, Alexander: *Das Münchner Aufmerksamkeits-inventar (MAI): Ein Instrument zur systematischen Verhaltensbeobach-tung der Schüleraufmerksamkeit im Unterricht.* In: Diagnostica. Zeit-schrift für psychologische Diagnostik und differentielle Psychologie. Band 38, Heft 2, S. 130-141. Göttingen: Verlag für Psychologie, 1992.

[Jäg05]   Jäger, Michael: *Unterrichtsevaluation.* München: Oldenbourg Schul-buchverlag, 2005.

[Kan07]   von Kanitz, Anja: *Emotionale Intelligenz.* Planegg: Rudolf Haufe Verlag, 2007.

[Kau06]   Kaufhold, Marisa: *Kompetenz und Kompetenzerfassung. Analyse und Beurteilung von verfahren der Kompetenzmessung.* Wiesbaden: VS Verlag für Sozialwissenschaften, 2006.

[Lan07]   Lankes, Eva-Maria: *Interesse wecken – Was wissen wir über die Moti-vierung von Schülern?* In: Pädagogik, S. 76-79, 07-08/07. Hamburg: Pädagogische Beiträge Verlag, 2007.

[Mit06]   Mittelstädt, Holger: *Evaluation von Unterricht und Schule.* Mühlheim an der Ruhr: Verlag an der Ruhr, 2006.

[MP07]   Meyer, Hilbert; Pfiffner, Manfred; Walter, Catherine: *Variabel unterrich-ten – Was wissen wir über die Wirksamkeit von Methoden?* In: Pädago-gik, S. 44-48,10/07. Hamburg: Pädagogische Beiträge Verlag, 2007.

[Rot76]   Roth, Heinrich: *Pädagogische Anthropologie. Band II: Entwicklung und Erziehung. Grundlagen einer Entwicklungspädagogik.* Hannover: Her-mann Schroedel Verlag, 1976.

[RD00]   Ryan, Richard M.; Deci, Edward L.: *Self-determination theory and the facilitation of intrinsic motivation, social development, and well-being.* In: American Psychologist, Vol. 55 (1), S.68-78. Washington DC: American Psychological Association, 2000.

[SS03]   Seeber, Susan; Squarra, Dieter: *Lehren und lernen in beruflichen Schu-len. Schülerurteile zur Unterrichtsqualität.* Frankfurt am Main: Peter Lang Europäischer Verlag der Wissenschaften, 2003.

[Sla96]   Slavin, Robert E.: *Education for all.* Lisse: Swets & Zeitlinger, 1996.

[Wal05]   Walter, Oliver: *Kompetenzmessung in den PISA-Studien. Simulation zur Schätzung von Verteilungsparametern und Reliabilitäten*. Lengerich: Pabst Science Publishers, 2005.

[Wei07]   Weicker, Nicole: *Unterrichtsaufzeichnungen vom Seminar „Didaktik der Informatik"*. Leipzig: Universität Leipzig, Wintersemester 2007/2008.

[Wei08]   Weicker, Nicole. *Unpublished, 2008.*

[Wei01]   Weinert, Franz E.: *Leistungsmessungen in Schule*n. Weinheim und Basel: Beltz Verlag, 2001.

[WT03]   Wottawa, Heinrich; Thierau, Heike: *Lehrbuch Evaluation*. Bern: Hans Huber Verlag, 2003.

5.2 Webdokumente

[Ber00]   Bergin, Joseph: Fourteen Pedagogical Patterns. Pedagogical Pattern: Consistent Metaphor. Pace University, New York. July, 2000. URL: http://pclc.pace.edu/~bergin/PedPat1.3.html#consistentmetaphor (Letzter Aufruf: 16.01.2008)

[Min04]   Ministerium für Kultus, Jugend und Sport Baden-Württemberg. Bildungsplan 2004 – Allgemein bildendes Gymnasium. Stuttgart, 2004. URL:http://www.bildung-staerkt-menschen.de/service/downloads/Bildungsplaene /Gymnasium/Gymnasium_Bildungsplan_Gesamt.pdf (Letzter Aufruf: 25.01.2008)

[IQ05]   Institut für Qualitätsentwicklung an Schulen: *Lernkompetenz Quadrat.* 2005. URL:http://lehrplan.lernnetz.de/intranet1/links/materials/1113381790.doc (Letzter Aufruf: 14.01.2008)

[Kli03]   Klieme, Eckhard et al.: *Zur Entwicklung nationaler Bildungsstandards – Eine Expertise*. Bonn, 2003. URL:http://www.dipf.de/publikationen/volltexte/zur_entwicklung_nationaler_bildungsst andards.pdf (Letzter Aufruf: 04.12.2007)

[Kul07]   Kultusministerkonferenz: *Handreichung für die Erarbeitung von Rahmenlehrplänen der Kultusministerkonferenz für den berufsbezogenen Unterricht in der Berufsschule und ihre Abstimmung mit Ausbildungsordnungen des Bundes für anerkannte Ausbildungsberufe*. Bonn, 2007. URL: http://www.kmk.org/doc/publ/handreich.pdf (Letzter Aufruf: 14.01.2008)

[LN01]   Lehmann, Gabriele; Nieke, Wolfgang: *Zum Kompetenz-Modell*. 2001. URL:http://www.bildung-mv.de/export/sites/lisa/de/publikationen/rahmenplaene/ ergaenzende_texte/text-lehmann-nieke.pdf (Letzter Aufruf: 04.12.2007)

[Sch03]   Schulte, Carsten: *life^3 – Lernwerkzeuge für den Informatikunterricht: Einsetzen, Evaluieren und (Weiter-) Entwickeln*. Universität Paderborn, 2003. URL:http://life.upb.de/ (Letzter Aufruf: 17.01.2008)

[Sem97]   Sembill, Detlef: *1.DFG Zwischenbericht: Prozessanalysen Selbstorga-nisierten Lernens.* Bamberg, 1997.
URL:http://www.uni-bamberg.de/fileadmin/uni/fakultaeten/sowi_lehrstuehle/
wirtschaftspaedagogik/Dateien/Publikationen/zwischenbericht-1_sole_doc.pdf (Letzter Aufruf: 17.12.2007)

[Sem00]   Sembill, Detlef: *2.DFG Zwischenbericht: Prozessanalysen Selbstorga-nisierten Lernens.* Bamberg, 2000.
URL:http://www.uni-bamberg.de/fileadmin/uni/fakultaeten/sowi_lehrstuehle/
wirtschaftspaedagogik/Dateien/Publikationen/zwischenbericht-2_prozessanalysen.pdf
(Letzter Aufruf: 17.12.2007)

[Sem04]   Sembill, Detlef: *Prozessanalysen Selbstorganisierten Lernens. Ab-schlussbericht an die Deutsche Forschungsgesellschaft im Rahmen des Schwerpunktprogramms „Lehr-Lern-Prozesse in der kaufmänni-schen Erstausbildung".* Bamberg, 2004.
URL:http://www.uni-bamberg.de/fileadmin/uni/fakultaeten/sowi_lehrstuehle/
wirtschaftspaedagogik/Dateien/Forschungsprojekte/Prozessanalysen/DFG-
Abschlussbericht_sole.pdf (Letzter Aufruf: 04.12.2007)

[Sta04]   Staatsinstitut für Schulqualität und Bildungsforschung München. *Lehr-plan (Bayern), Gymnasium, Jahrgangsstufe 10: Informatik.*
URL:http://www.isb-gym8-lehrplan.de/contentserv/3.1/g8.de/index.php?StoryID=2643
5 (Letzter Aufruf: 16.01.2008)

[TNS07]   TNS Infratest Holding GmbH & Co. KG. *(N)Onliner Atlas 2007. Eine Topographie des digitalen Grabens durch Deutschland.* Juni 2007.
URL:http://www.nonliner-atlas.de/download_pdf.asp?dfile=dl_NONLINER-
Atlas2007.pdf (Download und letzter Aufruf: 27.11.2007).

[UIA04]   *Evaluation aus: Glossar wirkungsorientierte Evaluation,* Univation-Institut für Evaluation Dr. Beywl & Associates GmbH. Köln, 2004. URL:
http://www.univation.org/glossar/index.php (Letzter Aufruf: 28.11.2007).

www.ingramcontent.com/pod-product-compliance
Lightning Source LLC
LaVergne TN
LVHW042127070326
832902LV00037B/1229